LETTRE

D'UN GÉNÉRAL, A SON FILS,

COLONEL DE L'ARMÉE FRANÇAISE.

LETTRE

D'UN GÉNÉRAL,

A SON FILS,

COLONEL DE L'ARMÉE FRANÇAISE.

PARIS,

J. G. DENTU, IMPRIMEUR-LIBRAIRE,
rue du Pont de Lodi, n° 3, près le Pont-Neuf.
1815.

LETTRE

D'UN GÉNÉRAL, A SON FILS,

COLONEL DE L'ARMÉE FRANÇAISE.

Vous m'avez désobéi, mon cher fils, en reprenant les armes malgré le serment qui vous attachait au Roi ; je ne vous aurais jamais pardonné, si vous étiez revenu vainqueur ; mais le sort des batailles vous a été funeste, vous êtes malheureux et honteux de votre malheur ; venez à moi, et vous retrouverez votre père, invariable dans ses opinions, et toujours armé contre vous des mêmes conseils que vous avez refusé d'entendre, et que vous devez tant regretter aujourd'hui.

Oui, mon fils , votre cause était in-
juste ; et votre désobéissance , impar-
donnable aux yeux de la morale , était
indigne de militaires français toujours
fidèles à l'honneur. La cause que vous
avez voulu servir n'était pas celle de
la nation française ; et l'attachement
de l'armée pour un chef qui l'avait
abandonnée , n'était qu'un prétexte
pour satisfaire des passions person-
nelles , venger quelques passe-droits ,
remplacer des majorats perdus, et servir les intérêts particuliers des hommes
qui vous commandaient.

Mes avis paternels eussent dû vous
être d'autant moins suspects , mon
cher fils, que vous n'ignorez pas que
je dois à Napoléon ma fortune et ma
gloire militaire, que ce fut à ses bontés
pour moi que vous avez toujours dû

votre avancement, et que dans les jours de sa détresse et de ses malheurs, je vous avais donné le rare exemple de la constance et de la fidélité envers sa personne.

Mais vous n'avez pu confondre, mon cher fils, les devoirs sacrés de la reconnaissance avec les cris de la sédition et de la révolte ; vous n'avez pu reconnaître le vœu des Français, ni la volonté du peuple, dans cette désorganisation militaire et dans cette coupable insubordination qui tout-à-coup transforma l'armée en assemblée élective ; qui changea, par la force des baïonnettes, le gouvernement qui rendait la France heureuse depuis dix mois, et qui, renouvelant les anciennes séditions de Rome, les mouvemens orageux de la Pologne ou les fureurs des janissaires, vint imposer à toute la France le joug d'un chef que les soldats appellaient contre les citoyens.

J'ai vu, comme vous, mon fils, les fautes que l'on commettait sous le nom auguste du Monarque qui, avec les intentions les plus pures et les plus libérales, ne pouvait cependant pas être universel, et diriger par lui-même toutes les branches d'une administration si étendue et toute nouvelle pour ses ministres. J'ai entendu vos plaintes sur les préférences accordées aux émigrés, tandis que, de leur côté, les émigrés se plaignaient de la faiblesse et de la bonté du Roi envers nous autres généraux et maréchaux de fortune. J'ai reçu vos doléances et celles de vos amis, sur les manières peu françaises avec lesquelles vous prétendiez que le duc de Berry en agissait envers vous; j'ai écouté vos bons mots et vos plaisanteries déplacées sur ce que vous appeliez l'importance attachée par le duc d'Angoulême, aux moindres pratiques de la religion. Vous avez entendu vous-même devant moi des hommes dont l'imagination avait été si honteusement emportée à l'époque de nos fureurs révolutionnaires, se plaindre et s'importuner de quelques cérémonies lugubres et expiatoires qui, même dans leurs excès, sont excusables chez des enfans bien nés, et qui me paraissaient un devoir pieux et légitime de la part d'une princesse nourrie d'amertumes à nulles autres pareilles, et jusque-là privée de la douleureuse mission de réunir les sépultures éparses de son auguste famille.

Vous n'avez jamais pu croire, non plus, mon cher fils, que ce parjure militaire, cette insurrection de l'armée prenaient leur source dans un motif de liberté qui, du moins chez les Romains ou les Spartiates, aurait pu trouver ses exemples ou son excuse. Non, mon fils, et ce prétexte même manquait aux hommes coupables qui vous ont entraîné; ce n'était que pour la guerre de l'esclavage qu'on armait vos jeunes courages et qu'on dirigeait les illusions de tant de braves, faits pour une meilleure cause et dignes d'un meilleur sort.

Quant à vous, mon fils, vous n'avez pu vous y méprendre; vous étiez trop instruit de mes débats personnels avec ce guerrier audacieux, qui ne compte jamais ses victoires que par

ses massacres. Vous aviez vu tour-à-
tour tomber dans sa disgrace et en-
courir l'exil et la mort, ces mêmes
hommes, mes contemporains et mes
amis, qui voulurent hasarder une opi-
nion contraire à la sienne, toutes les
fois que son ambition démesurée le
forçait à entreprendre une guerre in-
juste ou à livrer un combat meur-
trier. Je vous ai cité ces braves généraux, illustres enfans de la gloire,
accoutumés aux périls de tous les
genres, et réduits, dans le palais de
Napoléon, à ne pas lever les yeux, ou
à balbutier la réponse la plus ordi-
naire. Je ne vous ai point laissé igno-
rer ni l'impudence de ses ordres dans
son conseil d'état, ni le despotisme
de ses sénatus-consultes, ni l'avilisse-
ment dans lequel il avait toujours ra-

valé là liberté française. Jamais despote ne le fut d'une manière moins dissimulée; jamais aucun Roi ne brisa plus insolemment tout ce que l'ordre militaire, civil ou judiciaire avaient jusqu'alors de respectable et de sacré ; jamais enfin, dans tous les rangs, dans toutes les classes, jamais plus grand nombre de citoyens, depuis Néron peut-être, n'avaient eu à se plaindre de celui qu'ils s'étaient choisis pour maître; et cependant, mon fils, c'est pour lui, c'est pour un pareil homme que vous avez abandonné le Roi, qui était venu fixer un terme à la révolution, cicatriser les plaies de la France, encourager l'agriculture, agrandir le commerce, nous conserver nos enfans, et nous garantir, par sa sagesse et sa modération, la paix dont il fut si honorablement doté par les puissances alliées, en remontant sur le trône de ses pères.

Vous saviez tout cela, mon fils, et néanmoins vous vous êtes laissé entraîner par l'exemple et séduire par vos chefs, lorsque l'armée française comptait encore des maréchaux, des généraux et des colonels restés fidèles observateurs de la foi jurée, et réduits à faire des vœux pour le Monarque que le ciel vient enfin de rendre aux Français.

Quoi qu'il en soit, mon fils, nouvelle image de la Providence sur la terre, Louis XVIII est inépuisable dans son amour pour les Français, et son indulgence égalera son amour. S'il fallait des persécutions et des martyrs pour que l'idolâtrie des princes légitimes se réveillât parmi les Français, et que la royauté reprît son culte dans nos cœurs : vous n'avez plus de preuves à attendre. Tous les Français qui ne sont pas des factieux ou des insensés ne peuvent pas plus se refuser à l'évidence de ces principes, qu'ils peuvent nier les funestes conséquences de cette dernière révolution. Ouvrez donc les yeux, mon cher fils, revenez à moi ; je dois, je veux vous mener aux pieds du Roi : vous l'entendrez, mon fils ; et quand vous l'aurez entendu, il ne me restera d'autre soin auprès de vous, que d'arrêter vos larmes et de consoler votre repentir.

Adieu ; je vous attends.

L. D. M. Y.

Paris, 12 juillet 1815.